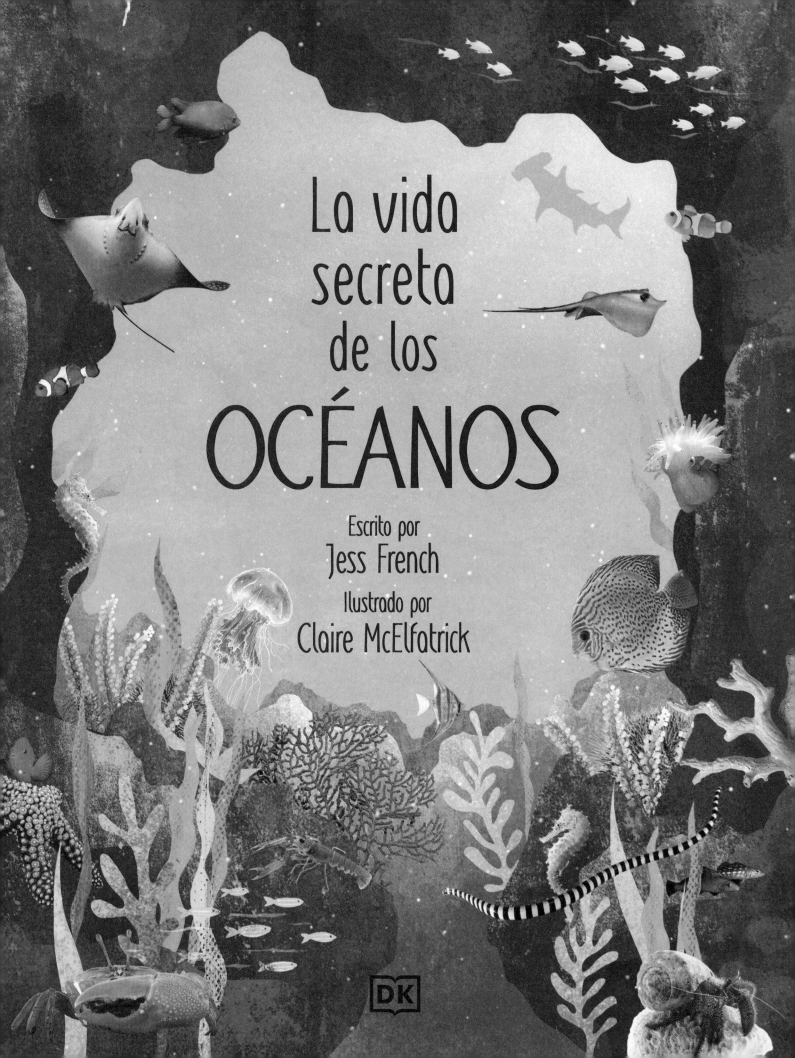

La vida secreta de los OCÉANOS

Escrito por
Jess French

Ilustrado por
Claire McElfatrick

DK

DK | Penguin Random House

Escrito por Jess French
Ilustraciones Claire McElfatrick
Edición de arte sénior Claire Patane
Edición sénior Lizzie Munsey
Edición del proyecto Clare Lloyd
Asistencia de diseño Rachael Hare, Charlotte Milner
Asesoría de contenidos Helen Scales
Asesoría educativa Jenny Lane-Smith
Edición de producción Abigail Maxwell
Producción John Casey
Diseño de cubierta Claire Patane
Coordinación de cubierta Isobel Walsh
Documentación iconográfica Sakshi Saluja
Dirección editorial Penny Smith
Dirección editorial de arte Mabel Chan
Dirección creativa Helen Senior
Dirección de publicaciones Sarah Larter

Edición en español
Coordinación editorial Cristina Gómez de las Cortinas
Asistencia editorial y producción Malwina Zagawa

Servicios editoriales Tinta Simpàtica
Traducción Ruben Giró i Anglada

Publicado originalmente en Gran Bretaña
en 2021 por Dorling Kindersley Limited
DK, One Embassy Gardens, 8 Viaduct Garden,
London, SW11 7BW
Parte de Penguin Random House

ISBN: 978-0-7440-4865-0

Para mentes curiosas

Impreso y encuadernado en China

www.dkespañol.com

INTRODUCCIÓN

Tal vez porque crecí en la costa, siempre he sentido una conexión especial con el océano. En la frontera entre la tierra y el agua he visto cosas increíbles. Aun así, los paisajes y la vida que pude observar a orillas del mar eran solo una pequeña parte de lo que alberga el mundo submarino. Desde los animales de las profundidades hasta los vibrantes arrecifes de coral, el océano está lleno de cosas sorprendentes y hermosas. Sumérjete en los océanos para descubrir los secretos que esconden.

Jess French

Jess French

CONTENIDOS

¿QUÉ ES EL OCÉANO?

La Tierra está tan cubierta de agua que desde el espacio nuestro planeta se ve azul.

Toda esa agua es lo que llamamos océano. Cubre la mayor parte de la superficie de la Tierra y es crucial para la vida tal como la conocemos. El océano es tan vasto y profundo que aún hay grandes zonas que siguen sin explorar. A diferencia del agua de los ríos y los lagos, el agua del océano es salada.

El agua del océano se mueve sin parar, empujada por el viento, atraída por la gravedad de la Luna o sacudida por un terremoto.

Sigue leyendo si quieres conocer los increíbles océanos de la Tierra.

Mar de Lincoln

Mar de Groenlandia

Mar de Chukotka

Mar de Beaufort

Bahía de Baffin

Mar de Bering

Golfo de Alaska

Mar de Labrador

América del Norte

La gran cinta transportadora oceánica

Océano Atlántico

Mar de los Sargazos

Océano Pacífico

Golfo de México

Mar del Caribe

Mar y océano

El océano es una gran superficie de agua, pero la dividimos en cinco grandes cuencas: ártica, atlántica, índica, pacífica y antártica. Estas cuencas se formaron hace millones de años y están todas conectadas.

América del Sur

Mar Chileno

Mares

Los mares son más pequeños que los océanos. Suelen estar en las orillas de la tierra y a menudo esta los rodea parcialmente.

Mar de Scotia

Océano Antártico

Mar de Amundsen

Mar de Weddell

Océano
Ártico

Mar de
Barents

Mar de
Kara

Mar de
Láptev

El océano cubre el 71% del planeta y contiene el 97% del agua.

Mar de Siberia
Oriental

Mar de
Noruega

Mar
Báltico

Mar del
Norte

Asia

Mar de
Ojotsk

Carguero

Europa

Mar
Negro

Mar
Caspio

Mar de
Japón

¡Al agua, patos!
Un contenedor de juguetes de baño cayó al océano en 1992. Desde entonces se han visto patitos de goma por todo el mundo, llevados por las corrientes.

Mar
Mediterráneo

Mar de la
China
Oriental

África

Mar
Arábigo

Golfo de
Bengala

Mar de
la China
Meridional

Océano
Índico

Australia

Mar de
Tasmania

Gran cinta transportadora

Una corriente es agua que se mueve siempre en la misma dirección. La gran cinta transportadora oceánica es una de las corrientes más largas: una molécula de agua tarda 1000 años en recorrerla.

Antártida

El océano en movimiento

El agua del océano está siempre en movimiento.
La manera como se mueve depende de muchas cosas,
como la velocidad y la dirección del **viento,** la temperatura
y la profundidad del **agua**... ¡hasta la **Luna** influye!

AGUA FRÍA ABAJO

El agua fría y salada pesa más y, por tanto, se hunde.

CORRIENTES

En las capas superiores del agua, el viento crea **corrientes**. En las aguas más profundas, la **temperatura** del agua y lo **salada** que es provocan las corrientes.

AGUA CALIENTE ARRIBA

El agua más caliente y menos salada sube hacia la superficie.

El agua más fría está en los polos Norte y Sur.

GRANDES OLAS

El viento sopla sobre el agua y forma **olas**. Si las condiciones del viento y la playa son las adecuadas, se crean **olas gigantes**.

Cabalgar las olas
Los surfistas viajan por todo el mundo para surfear sobre grandes olas.

TSUNAMIS

Cuando algo, como un **terremoto**, mueve un gran volumen de agua, se crea un **tsunami**. Los tsunamis son olas descomunales capaces de desplazarse muy rápido y provocar muchos daños en tierra firme.

Olas peligrosas
Las olas viajan desde el lugar donde se origina el terremoto.

Ola alta
Los tsunamis cobran altura en las aguas poco profundas de cerca de la orilla.

Terremoto

MAREAS

Igual que la Tierra, la Luna y el Sol tienen su propia **gravedad**, que tira de las cosas hacia ellos. Cuando esta gravedad tira de nuestros océanos, cambia el nivel del mar, creando las **mareas**.

Marea alta

Marea baja

Arriba y abajo
Las mareas cambian siguiendo un patrón regular y, por tanto, podemos predecir cuándo pasarán.

Nivel del mar

Plataforma continental
Área poco profunda cerca de la orilla.

Montes submarinos
Volcanes del lecho oceánico cuya cumbre queda bajo el nivel del mar.

Dorsal mediooceánica
Cordillera que cruza el lecho oceánico.

Talud continental
Pendiente que une la plataforma continental y la llanura abisal.

Llanura abisal
Llano que ocupa casi toda la parte más baja del océano.

El lecho oceánico

El fondo del océano es uno de los lugares más misteriosos del planeta. De hecho, los científicos conocen mejor la superficie de la Luna que el lecho oceánico. Todavía no se ha explorado por completo, pero ya se han podido identificar algunas de sus características principales.

Isla volcánica
Volcán con la base en el
lecho oceánico y la cumbre
por encima del nivel del mar.

Plataforma petrolífera
Plataforma anclada en
el lecho oceánico para
extraer petróleo y gas.

RECURSOS DEL LECHO OCEÁNICO

En el lecho oceánico, o debajo
de él, hay muchas cosas útiles
para los humanos. No obstante,
su extracción puede ser muy
complicada, especialmente de
todo aquello que se encuentra
en las partes más profundas
del océano.

Guyot
Monte submarino
de cumbre plana.

**Cañón de
aguas profundas**
Fosa en el talud
continental.

Fosa oceánica
Una fosa es un cañón
profundo. Las más
profundas quedan a
más de 11 kilómetros
por debajo del nivel
del mar.

La fosa más profunda es
la de las Marianas, en el
Pacífico. ¡La montaña más
alta del mundo, el Everest,
cabría holgadamente en
su interior!

11

Coral

Plantas marinas

Banco de peces

Medusa

Delfín

Tiburón

Pez dientes de sable

Pez duende

Ballena

ZONA DE LUZ SOLAR

Hace calor y llega el sol, y viven muchas plantas. La temperatura y la luz cambian según la hora del día y la estación.

200 M

ZONA CREPUSCULAR

Solo llega una pequeña cantidad de luz. Los animales que viven aquí tienen ojos enormes para poder ver en las tinieblas.

1000 M

Luz letal
El rape atrae a criaturas más pequeñas con un señuelo brillante.

Gusano tomóptero

Cachalote

En lo más profundo
Los cachalotes pueden bajar hasta la zona batial para alimentarse.

Calamar

Rape

Tollo cigarro

Lanzón

Los animales deben adaptarse a la vida fría y oscura.

ZONA BATIAL

Aquí no llega la luz solar y todo está a oscuras, salvo por la luz que emiten algunas criaturas. Sin el calor del sol, tiene una temperatura fría y constante.

Anguila lobo

2000 M

Ballena muerta

Pez pelícano

3000 M

Bostezador

ZONA ABISAL

Solo algunos elegidos son capaces de sobrevivir en las asfixiantes y frías aguas abisales. Los pocos animales que viven aquí se alimentan sobre todo de plantas y animales muertos

4000 M

El agua es negra y casi llega a congelarse.

Calamar magnapinna

Ofiuras

Rosada

Anfípodo

Pez caracol
de las Marianas

ZONA HADAL (FOSA)

En lo más profundo del océano, las oscuras y misteriosas fosas son la morada de contadas criaturas extraordinarias. Conocemos muy poco sobre la vida ahí abajo, por la complicación que trae explorar las fosas.

Capas de vida

El océano es enorme. Cubre más del 70 por ciento de la superficie de la Tierra. Además es también muy profundo, pues el lecho marino queda miles de metros más abajo. Bajo la superficie, el océano se divide en cinco zonas diferentes.

Ha pisado más gente
la Luna que explorado
las fosas más profundas
del océano.

6000 M

7000 M

8000 M

9000 M

10 000 M

11 000 M

13

Ambuloceto
(vivió hace 50-48
millones de años)

Plesiosaurio
(hace 200-66
millones de años)

Océanos antiguos

Hace miles de millones de años la vida aparéció en el océano. Las condiciones eran muy diferentes a las actuales. Al principio solo existían criaturas diminutas. Desde entonces, han pasado por el planeta animales increíbles, que han dejado su rastro enterrado en la arena.

Megalodón
(hace 23-3,6
millones de
años)

Anomalocaris
(hace 540-485
millones de años)

Cameroceras
(hace 470-425
millones de años)

Tiburón anguila
(hace 95 millones
de años-actualidad)

Pterigoto
(hace 428-372
millones de años)

Trilobites
(hace 540-250
millones de años)

INVERTEBRADOS

Trilobites

Los invertebrados oceánicos fueron los primeros animales. Los acorazados trilobites llenaron los mares durante millones de años.

PECES

Mandíbulas de megalodón

Los peces llevan más de 500 millones de años en el planeta. A diferencia de los primeros peces, el megalodón contaba con mandíbulas y dientes.

REPTILES

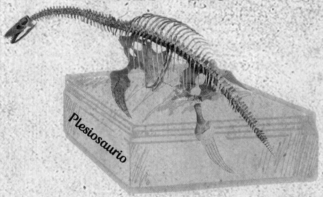

Plesiosaurio

Hace 200 millones de años, unos reptiles enormes de cuello largo y pies en forma de remo dominaban los mares.

BALLENAS

Esqueleto de ballena

Las ballenas evolucionaron a partir de cuadrúpedos terrestres que perdieron las patas y desarrollaron aletas.

Fósil de nautiloide

Nautilo actual

Algunos animales actuales son prácticamente iguales a los que vivieron hace millones de años.

USNS Bowditch

En la superficie
Los submarinistas usan bombonas llenas de aire para respirar bajo el agua.

Explorar el mar
Los barcos de investigación transportan científicos, exploradores y equipo técnico.

Explorar el océano

A diferencia de los peces, no podemos respirar en el agua y necesitamos equipos especiales para investigar el océano. El océano es enorme y es difícil llegar a algunas zonas; por eso, incluso con toda esta tecnología, continúan habiendo grandes áreas por explorar.

ROV Kiel 6000

Control remoto
Algunos robots funcionan a distancia con control remoto. Otros, en cambio, se diseñan para ser autónomos.

Cámaras fijas
A veces, los científicos dejan cámaras para ver qué ocurre a lo largo del tiempo.

Eye-in-the-Sea

ROBOTS DE EXPLORACIÓN
Se utilizan robots para explorar sitios demasiado peligrosos para las personas. Recogen muestras y toman fotos para ayudar a los científicos de la superficie.

EV Nautilus

Bajo el mar
Los barcos equipados con sonar envían ondas de sonido para obtener más información sobre el océano.

SONAR

Mediante impulsos de sonido, el sonar sirve para detectar objetos bajo el agua, comunicarse con otras naves, determinar la profundidad y elaborar mapas del lecho marino.

Los delfines también usan el sonar para encontrar cosas bajo el agua.

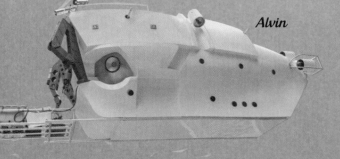

Alvin

SUMERGIBLES

Los sumergibles son naves altamente especializadas. Sirven para transportar personas bajo el agua a fin de llevar a cabo estudios científicos.

Rebote
El tiempo que tardan las ondas de sonido en volver al barco sirve para elaborar la imagen del océano que está debajo del barco.

Cazar a nado
El oso polar vive en tierra firme, pero si es necesario se mete en el agua para conseguir un bocado.

ANIMALES OCEÁNICOS

En el océano viven millones de animales y plantas diferentes, que se han adaptado a la vida submarina.

Hay animales oceánicos de cualquier forma y tamaño, desde el plancton más minúsculo hasta la enorme ballena azul. Todas las criaturas tienen una función en la vida oceánica y dependen de otros animales para sobrevivir.

Sumerjámonos para descubrir algunos de los animales que viven en los océanos.

Invertebrados

Los invertebrados son animales sin esqueleto interno. Comen bacterias y algas, y son el alimento de muchas criaturas más grandes.

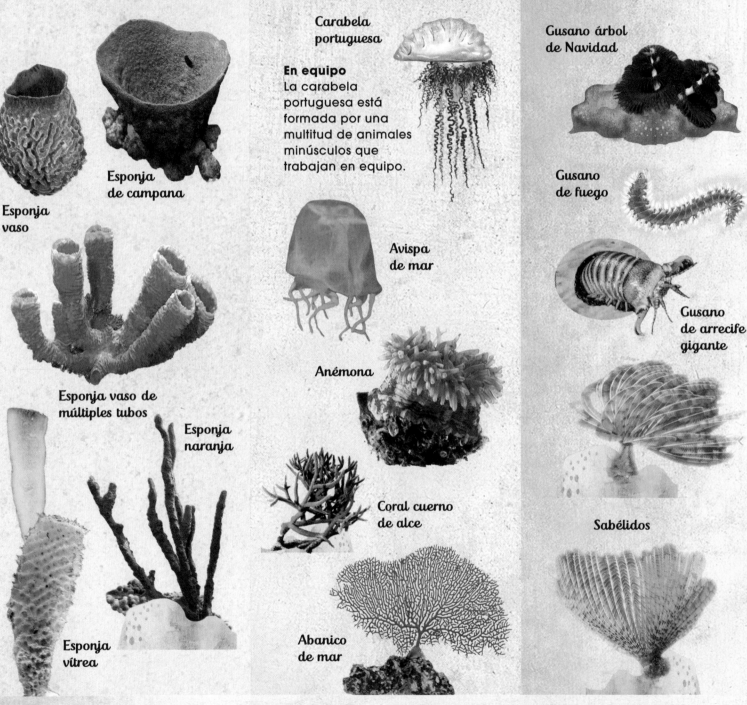

Esponja vaso

Esponja de campana

Esponja vaso de múltiples tubos

Esponja naranja

Esponja vítrea

Carabela portuguesa

En equipo
La carabela portuguesa está formada por una multitud de animales minúsculos que trabajan en equipo.

Avispa de mar

Anémona

Coral cuerno de alce

Abanico de mar

Gusano árbol de Navidad

Gusano de fuego

Gusano de arrecife gigante

Sabélidos

ESPONJAS

Las esponjas son animales muy simples, pero su papel es muy importante: se alimentan de partículas de residuos y limpian el agua.

CNIDARIOS

En este colosal grupo se incluyen medusas, corales y anémonas de mar. Los cnidarios se dividen en más de 10 000 especies.

LOMBRICES DE MAR

Muchas viven bajo las rocas, en el barro o en la arena. A menudo solo queda sin enterrar una parte de la lombriz.

GASTERÓPODOS

Este grupo también engloba a babosas y caracoles de tierra firme.

Lapas

Nudibranquio

Cono

BIVALVOS

Estos animales tienen un caparazón dividido en dos partes que les protege su blando cuerpo.

Volandeira

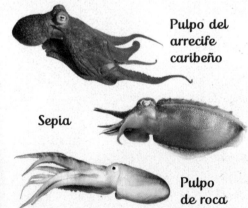

Almeja gigante

CEFALÓPODOS

Este grupo incluye pulpos, calamares, sepias y nautilos.

Pulpo del arrecife caribeño

Sepia

Pulpo de roca

MOLUSCOS

Hay más de 70 000 tipos de moluscos en el océano. Tienen aspectos muy diferentes entre sí. Muchos cuentan con duros caparazones protectores.

Langosta púrpura

Cangrejo gigante

Percebes

Bellota de mar

Gamba mantis pavo real

Camarón limpiador escarlata

CRUSTÁCEOS

Su duro esqueleto exterior les protege de los predadores; no obstante, para crecer, necesitan mudar el caparazón por otro mayor.

Comátula

Estrella de mar

Galleta de mar

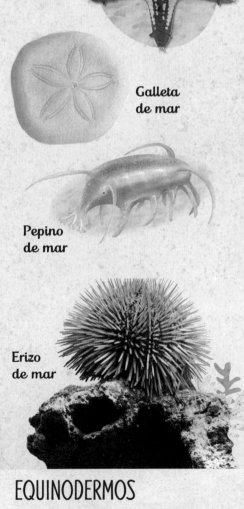

Pepino de mar

Erizo de mar

EQUINODERMOS

Solo habitan en el océano. A menudo tienen las partes del cuerpo ordenadas en círculo, como los radios de la rueda de tu bicicleta.

Medusas

Las medusas llevan millones de años en el océano.
Son invertebrados, es decir, no tiene huesos en el cuerpo. Estas maravillas gelatinosas son famosas por sus tentáculos venenosos, algunos tan potentes que pueden matar a una persona.

Medusa común

CUERPO SIMPLE
Su cuerpo está formado por muy pocas partes. No son buenas nadadoras y casi siempre aprovechan las corrientes de agua para moverse.

Campana
Este paraguas blando es la parte principal del cuerpo de la medusa.

Tentáculos
Su veneno aturde a las presas.

Brazo oral
Este brazo acerca la comida a la boca de la medusa.

Ciclo de vida
La mayoría de las medusas nacen como minúsculas larvas. Cambian de forma varias veces hasta convertirse en una medusa adulta. En algunas especies, las células muertas pueden convertirse en pólipos.

Larva → Pólipo → Pólipo con yemas

¡La medusa común, además de envejecer, puede rejuvenecer!

MEDUSAS BRILLANTES
Algunas medusas emiten su propia luz y brillan a oscuras. Esto se conoce como bioluminiscencia.

Las medusas se agrupan en bancos que llegan a contener miles de ejemplares.

Estróbilo ⟶ Éfira ⟶ Medusa adulta

Pulpos

Conocemos unos 300 pulpos diferentes.

Estos increíbles animales son muy hábiles y pueden encontrar herramientas, copiar a otros animales y usar tinta para defenderse.

Ocho brazos

Cambio de color
La piel del pulpo cambia de color gracias a unas células especiales, los cromatóforos.

Cuerpo increíble
El pulpo tiene ocho brazos flexibles cubiertos de ventosas blandas, que utiliza para nadar, caminar por el lecho marino y recoger comida.

Ventosas

Nuevo brazo
Si pierde un brazo, le vuelve a crecer entero, ¡ventosas incluidas!

Grupo de pulpos
Tras poner los huevos, la hembra protege con los brazos a su puesta. En las aguas profundas es posible encontrar grupos de madres juntas.

El pulpo más grande del mundo es el pulpo gigante del Pacífico: ¡tan largo como una jirafa!

Pulpos en acción

Para avanzar expulsan agua a gran velocidad, lo que se conoce como propulsión a chorro.

Gran pulpo azul

Pulpo de roca

Tinta sorpresa

Cuando un pulpo se siente amenazado, libera una nube de tinta para distraer a los predadores y tener la opción de huir.

Nube negra
La tinta del pulpo suele ser azul oscuro o negra.

Tinta

Pulpo de roca

Recogida de cocos

Los pulpos rayados buscan cáscaras de coco para usarlas a modo de casco, escudo y refugio.

Pulpo rayado

Tiburones y mantas

Los tiburones, las mantas y las quimeras tienen esqueletos de cartílago, un material flexible, en vez de hueso. También se los conoce como los peces cartilaginosos. ¡Estos animales, fascinantes y bonitos, llevan más de 400 millones de años surcando los mares!

Raya gavilán

Manta

¡La manta gigante oceánica puede llegar a medir 9 metros de envergadura!

Cola

Aleta pectoral

RAYAS

Gracias a su cuerpo plano, las rayas y las mantas se ocultan con facilidad en el lecho oceánico. Existen muchos tipos diferentes de rayas, como rayas con aguijón, rayas eléctricas, mantas y peces sierra.

Vaya movimiento
Las mantas son enormes. Baten sus aletas pectorales para desplazarse por el agua.

Lóbulo cefálico
Estos cuernos dirigen a unos animales minúsculos denominados plancton hacia la boca de la manta.

TIBURONES

Hay cientos de especies de tiburones. La mayoría tienen sentidos muy afinados, potentes mandíbulas y dientes afilados. Son hábiles predadores.

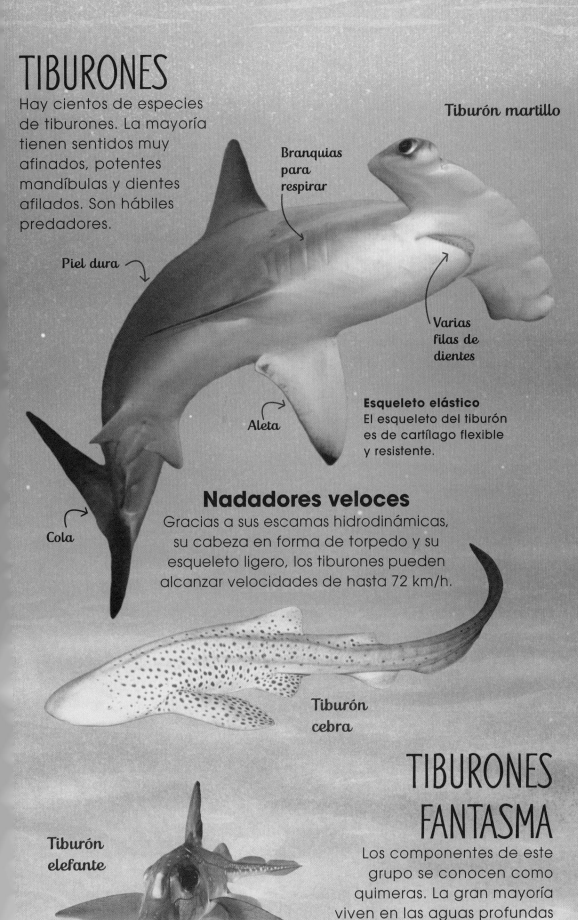

Tiburón martillo

Branquias para respirar

Piel dura

Varias filas de dientes

Aleta

Esqueleto elástico
El esqueleto del tiburón es de cartílago flexible y resistente.

Cola

Nadadores veloces

Gracias a sus escamas hidrodinámicas, su cabeza en forma de torpedo y su esqueleto ligero, los tiburones pueden alcanzar velocidades de hasta 72 km/h.

Tiburón cebra

Tiburón elefante

TIBURONES FANTASMA

Los componentes de este grupo se conocen como quimeras. La gran mayoría viven en las aguas profundas y por eso tienen grandes ojos para ver en la oscuridad.

Huevos

Muchos tiburones y mantas ponen sus huevos en forma de cápsulas duras que fijan a las plantas marinas.

La cría puede tardar un año en desarrollarse en el interior del cascarón.

La cría, al salir, es como una versión en miniatura del adulto.

A veces aparecen cascarones vacíos en la playa.

Peces

Casi todos los peces son animales de sangre fría y piel escamosa, y están perfectamente adaptados al medio acuático. Se encuentran por todo el mundo, tanto en agua salada como en agua dulce. La mayoría de los ejemplares pertenecen al grupo de los peces óseos.

Peces óseos

Este grupo de peces tiene algunas características especiales.

Vejiga natatoria llena de aire que aporta equilibrio.

Escamas flexibles para protegerse de los predadores.

Aletas caudales para impulsarse con rapidez.

Bacalao del Atlántico

Aleta dorsal

El cuerpo de los peces es liso para deslizarse con facilidad por el agua.

Esqueleto óseo que da estructura y soporte.

Aleta pectoral para virar en el agua.

Aleta pélvica

Branquias para respirar bajo el agua.

Tamaño normal

Hinchado

PEZ GLOBO

Si se sienten amenazados, los peces globo se hinchan de agua y triplican el tamaño de su cuerpo.

PEZ LEÓN

El espectacular pez león es precioso y letal a partes iguales. Se come a otros peces y cuenta con espinas venenosas.

CABALLITO DE MAR

Estos extraordinarios e inusuales peces tienen el cuerpo erguido y un largo hocico, y no poseen escamas.

ANGUILA ELÉCTRICA

Las anguilas eléctricas pueden emitir descargas eléctricas para aturdir a sus presas o defenderse.

Un 95 por ciento de los peces son peces óseos. Hay más de 20 000 tipos diferentes.

PEZ VOLADOR

Los peces voladores saltan del agua para huir de los predadores y utilizan sus enormes alas pectorales para surcar los aires.

PEZ REMO GIGANTE

El pez remo gigante vive en las profundidades de la zona crepuscular. Es el pez más largo.

SILURO

Los siluros se alimentan en el lecho marino. Buscan criaturas pequeñas con la ayuda de sus largos barbillones.

SALMÓN ATLÁNTICO

El salmón atlántico pasa la mitad de su vida en el río donde nace, y la otra mitad en el océano.

Reptiles marinos

Pocos reptiles pueden sobrevivir en las condiciones saladas del océano. De los que se atreven a ir más allá de las olas, solo un puñado pasa la vida entera en el mar.

Cocodrilos

Varios tipos de cocodrilos se adentran en los océanos en ocasiones. El mayor de ellos, el cocodrilo marino, es el que se ha adaptado mejor a la vida en el mar. Por lo general se queda cerca de la orilla, pero puede aprovechar las corrientes para desplazarse.

Cocodrilo marino

Cobra marina
de Bali

Las serpientes suelen dar a luz a crías vivas.

Serpientes de mar

Algunas serpientes pasan toda su vida en el mar. Tienen las fosas nasales en la parte superior de la cabeza y sus pulmones ocupan casi todo su cuerpo, hasta la cola en forma de remo. Otras serpientes de mar, en cambio, pasan parte de su vida en tierra firme.

Iguanas marinas

La iguana marina es el único lagarto que pasa parte de su vida en el océano. Vive en las islas Galápagos, donde se alimenta de las algas que crecen en el lecho marino rocoso.

Iguana marina

Tortugas

Las tortugas marinas se dividen en siete tipos y se pueden encontrar en todos los océanos del mundo. Las tortugas pasan casi toda su vida en el agua y solo salen para tomar el sol y poner huevos.

Tortuga laúd

En el mar
Al contrario que las de tierra, las tortugas marinas no esconden cabeza ni patas en el caparazón.

31

Aves marinas

La vida sobre el océano puede ser muy dura.
Las aves que pasan su vida en el mar deben beber agua salada, buscar comida bajo las olas y estar en el aire hasta encontrar un lugar seguro para posarse. Algunas aves marinas surcan los cielos oceánicos **durante meses** y cada año vuelven a tierra firme por poco tiempo para aparearse.

Albatros tiznado

ADAPTACIONES

Las aves marinas están bien **adaptadas** para sobrevivir en el mar.

Albatros

Es el ave marina más grande. Puede vivir más de 50 años y viajar más de 8,5 millones de kilómetros en toda su vida.

Glándulas salinas para deshacerse del exceso de sal por beber agua de mar.

Alas largas y finas para planear durante mucho tiempo sin tener que batirlas.

Plumas impermeables

Albatros viajero

Pies palmeados para nadar.

Plumaje blanco y negro para camuflarse en el aire y sobre el agua.

Pingüinos de penacho amarillo

Pingüinos

Usando las alas a modo de aletas, estos expertos nadadores pueden desplazarse por el agua a una velocidad de hasta 35 km/h.

Álcidos

Los álcidos, adaptados a los climas más fríos, tienen un cuerpo redondeado y alas pequeñas. Además, son unos excelentes **nadadores** y buceadores.

Aves del trópico

Estas espectaculares aves marinas tropicales emiten un chillido muy **agudo** y vuelan de manera acrobática.

Rabijunco
coliblanco

Frailecillo
atlántico

Págalos

Son feroces piratas del aire y acosan a otras aves marinas para robarles la comida. Se lanzan en picado sobre cualquier cosa que amenace su nido.

Págalo
parásito

Petreles, fulmares y pardelas

Los miembros de este grupo son soberbios **voladores** que pasan casi toda su vida en el océano. Pueden vomitar el apestoso aceite del estómago a sus enemigos.

Paíño
pechialbo

Las aves marinas suelen crear grandes colonias para anidar en playas y acantilados.

Los rabihorcados macho tienen el buche rojo. Lo hinchan para atraer a las hembras.

Rabihorcados

Al contrario que en casi todas las aves marinas, las plumas de los rabihorcados no son impermeables. Pasan semanas enteras volando para capturar peces y calamares que saltan del agua.

Rabihorcado
magnífico

Mamíferos marinos

Todos los mamíferos son de sangre caliente, respiran aire y tienen pelo; por tanto, no parece que el océano sea el mejor lugar para vivir. Sin embargo, los mamíferos marinos se han **adaptado muy bien a la vida en el agua.**

Morsa

Lobo marino

Elefantes marinos

FOCAS Y MORSAS

Este grupo recibe el nombre de **pinnípedos**. Tienen las patas de delante y detrás en forma de aleta y pueden desplazarse por la tierra o por el hielo, además de nadar. Suelen vivir en lugares fríos y una gruesa capa de grasa mantiene su calor corporal.

DELFINES, MARSOPAS Y BALLENAS

Estos son los **cetáceos**. Poseen cuerpos hidrodinámicos que les permiten moverse con facilidad por el agua. También tienen un espiráculo en la parte superior de la cabeza para poder respirar aire en la superficie.

Delfín tornillo

DUGONGOS Y MANATÍS

Estos tranquilos gigantes vegetarianos habitan aguas cálidas y poco profundas. Son largos y grandes, y tienen unos labios peludos para pastar en el fondo marino. Son parientes cercanos de los elefantes. ¡En alguna ocasión se han confundido con sirenas!

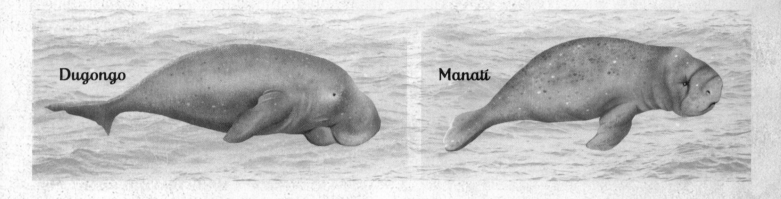

Dugongo

Manatí

La ballena azul es el mayor animal que jamás ha existido.

Ballena azul

Antes de las leyes que prohíben cazarlas, muchas ballenas estaban en peligro de extinción. Desde entonces, se han empezado a recuperar algunas poblaciones.

Yubarta

Beluga

Narvales

Los misteriosos narvales, famosos por sus colmillos en espiral, se conocen también como los unicornios del mar. Solo se encuentran en el frío Ártico, a menudo asomando sus cabezas y colmillos por agujeros en el hielo.

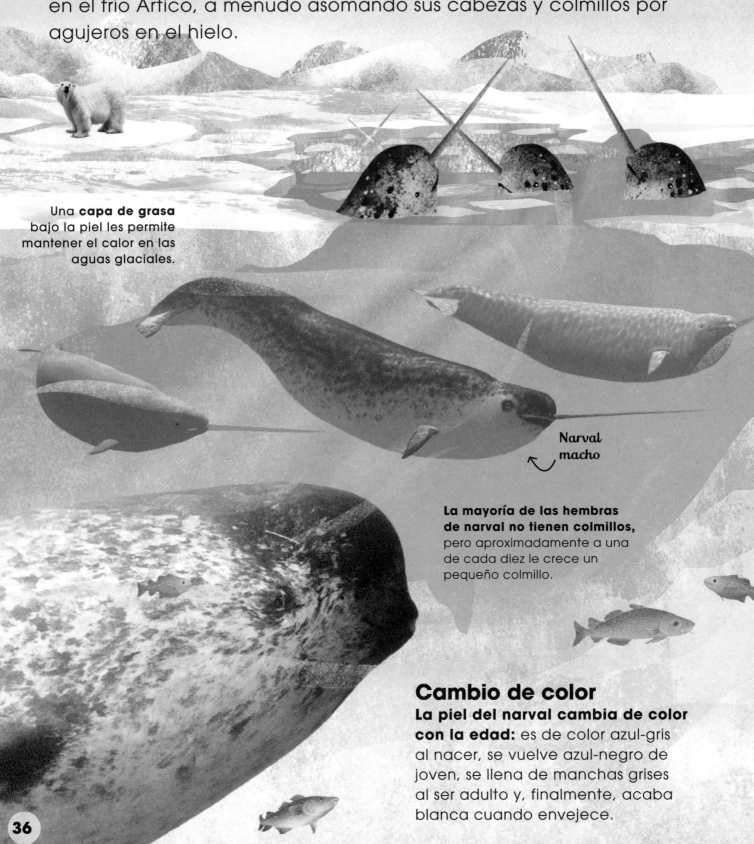

Una **capa de grasa** bajo la piel les permite mantener el calor en las aguas glaciales.

Narval macho

La mayoría de las hembras de narval no tienen colmillos, pero aproximadamente a una de cada diez le crece un pequeño colmillo.

Cambio de color
La piel del narval cambia de color con la edad: es de color azul-gris al nacer, se vuelve azul-negro de joven, se llena de manchas grises al ser adulto y, finalmente, acaba blanca cuando envejece.

Los narvales viajan juntos en grupos, o manadas, de hasta 100 miembros.

Charrán ártico

Foca ocelada

Los narvales asoman la cabeza a través de orificios en el hielo. Respira por el **espiráculo** que tienen sobre la cabeza.

Los machos **pelean** con sus **colmillos.**

Plato de pescado
El narval solo tiene dos dientes y ha de **tragarse la comida entera**. Lo que más le gusta son los peces, los calamares, las gambas y los cangrejos.

Bacalao ártico

El colmillo del narval es un **diente muy desarrollado**. Solo tiene otro diente en la boca.

Los narvales bucean para atrapar su comida; pueden aguantar hasta **25 minutos** sin respirar.

LA VIDA EN EL OCÉANO

En el océano se compite por todo: comida, refugio, protección y pareja. Vale la pena guardar algún as en la manga...

Los animales del mar han evolucionado para sobrevivir de forma ingeniosa. Padres embarazados, túneles de lavado con gambas y guarderías de ballenas: en el océano encontramos fascinantes conductas, desconocidas en cualquier otro lugar de la Tierra.

Sumérgete en este capítulo y descúbrelo todo sobre la vida en el océano.

Buscando por la orilla
Los pingüinos de corona blanca buscan comida cerca de la orilla y se echan al agua cientos de veces al día.

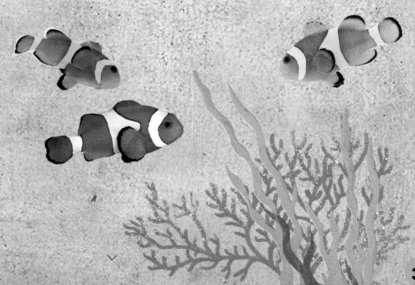

Red alimentaria

En el océano, todo está conectado. La energía se transmite de criatura en criatura a través de una densa **red alimentaria**. En la mayoría de los casos, **las plantas y el plancton** inician la cadena trófica captando la energía del Sol.

Almeja

Kril
Estos animales minúsculos están por todo el océano y son el alimento de muchos animales.

Frailecillo coletudo

Plancton

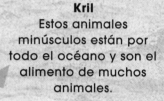

Kril

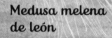

Medusa melena de león

Abretortugas
Con sus fuertes mandíbulas y dientes, el tiburón tigre rompe el duro caparazón de las tortugas.

Tortuga verde

Arenque del Pacífico

Pez cirujano azul

Pulpo de anillos azules

Tiburón tigre

Atún claro

Delfín mular

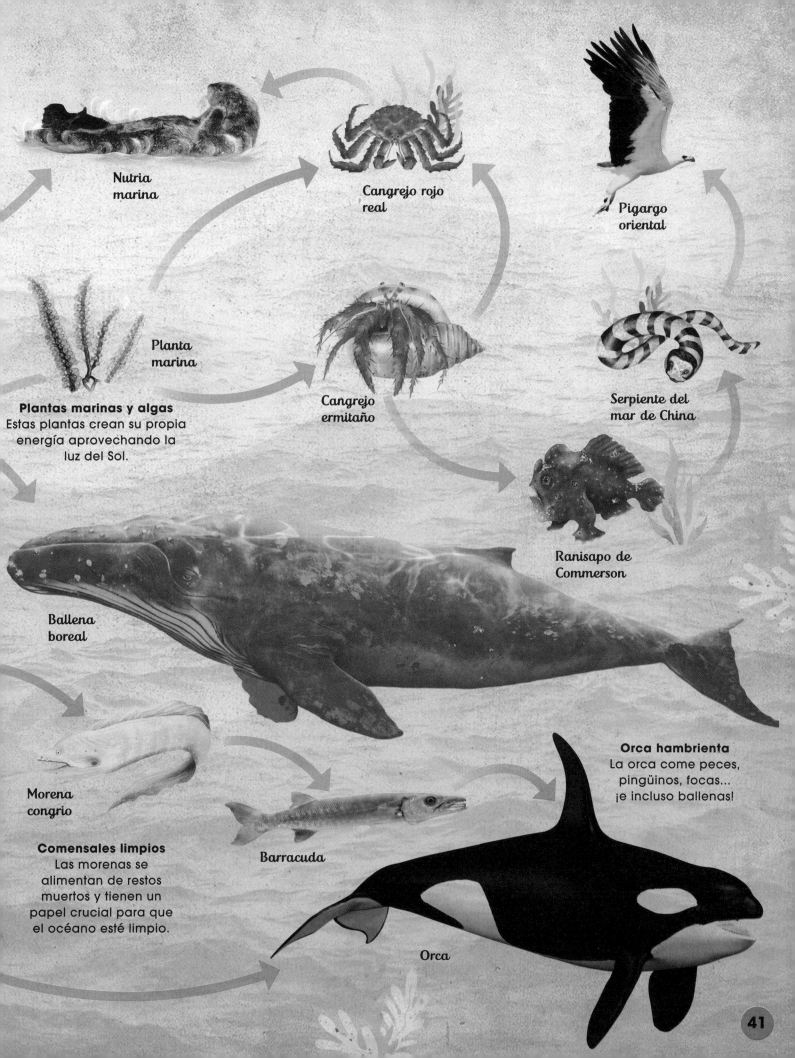

Nutria
marina

Cangrejo rojo
real

Pigargo
oriental

Planta
marina

Plantas marinas y algas
Estas plantas crean su propia
energía aprovechando la
luz del Sol.

Cangrejo
ermitaño

Serpiente del
mar de China

Ranisapo de
Commerson

Ballena
boreal

Morena
congrio

Orca hambrienta
La orca come peces,
pingüinos, focas...
¡e incluso ballenas!

Comensales limpios
Las morenas se
alimentan de restos
muertos y tienen un
papel crucial para que
el océano esté limpio.

Barracuda

Orca

Ocultos a simple vista

El peligro acecha detrás de cada ola, así que hay que esconderse de los predadores. Algunos predadores también se aprovechan del camuflaje para esperar a sus presas sin ser detectados.

PULPO MIMÉTICO

Este pulpo es el rey del disfraz. Se contorsiona para parecerse a otras criaturas marinas venenosas y de sabor asqueroso.

Cuerpo sin huesos
El pulpo no cuenta con esqueleto interno, lo que le facilita la tarea de cambiar de forma.

Perfil borroso
Las teselas difuminan el perfil del tiburón y lo hacen más difícil de detectar.

TIBURÓN ALFOMBRA TESELADO

Este tiburón alfombra tiene el labio superior recubierto por una barba de teselas carnosas que parecen gusanos. Los peces se acercan a comer... pero acaban siendo comidos.

PEZ PIEDRA

El pez piedra espera inmóvil en el arrecife a que pasen peces más pequeños cerca para comérselos. Sus espinas venenosas lo protegen con un veneno tan potente como para matar a una persona.

Pez del coral
Al pez pipa fantasma arlequín le gusta ocultarse entre el coral y las comátulas.

Espinas letales
Es casi imposible detectar un pez piedra en el fondo del arrecife.

Bailarín
El pez pipa fantasma de hocico áspero tiene el aspecto de un alga y copia su movimiento.

PEZ PIPA FANTASMA

El pez pipa fantasma es un pariente cercano de los caballitos de mar. Su cuerpo se parece mucho a una planta y al coral, lo que le permite confundirse perfectamente con el entorno.

La seguridad del grupo

En el océano, la seguridad de muchos peces requiere trabajar en equipo.
Algunos tipos de peces, como los atunes, los arenques y las anchoas, siempre van en grupo. Otros solo forman grupos cuando lo necesitan, como para cazar o aparearse.

¿POR QUÉ NADAN JUNTOS?

Nadar en grupo es una forma de confundir a los predadores y reducir las probabilidades de ser cazados. También los ayuda a encontrar comida.

¿CARDUMEN O BANCO?

Los peces tienen muchas formas de desplazarse juntos. Los grupos de peces reciben nombres diferentes según su comportamiento.

BANCO

Un banco de peces es algo muy organizado. Todos los peces del banco son del mismo tipo, de un tamaño parecido y se mueven juntos en la misma dirección.

CARDUMEN

Un cardumen de peces tiene una estructura menos marcada que un banco. Puede contener peces de muchos tipos e incluso otros animales.

Línea lateral

En formación

Los peces usan la línea lateral, para moverse con otros peces. Es un órgano que capta los cambios en la presión del agua que provocan los movimientos del resto de los peces.

Tiburón punta negra

¡Cuidado!

Este banco de peces se ha abierto para evitar al tiburón.

Trabajo en equipo

Las criaturas oceánicas se ayudan de muchas maneras.
A veces, dos especies totalmente diferentes establecen relaciones beneficiosas para ambas. Es lo que se llama «simbiosis».

ESPIRAL DE LODO

Los delfines son famosos por sus estrategias de caza. A menudo colaboran para atrapar peces, por ejemplo, creando una espiral de lodo para atrapar a sus presas.

Huida desafortunada
Los peces, confundidos, saltan del agua directos a la boca de los delfines.

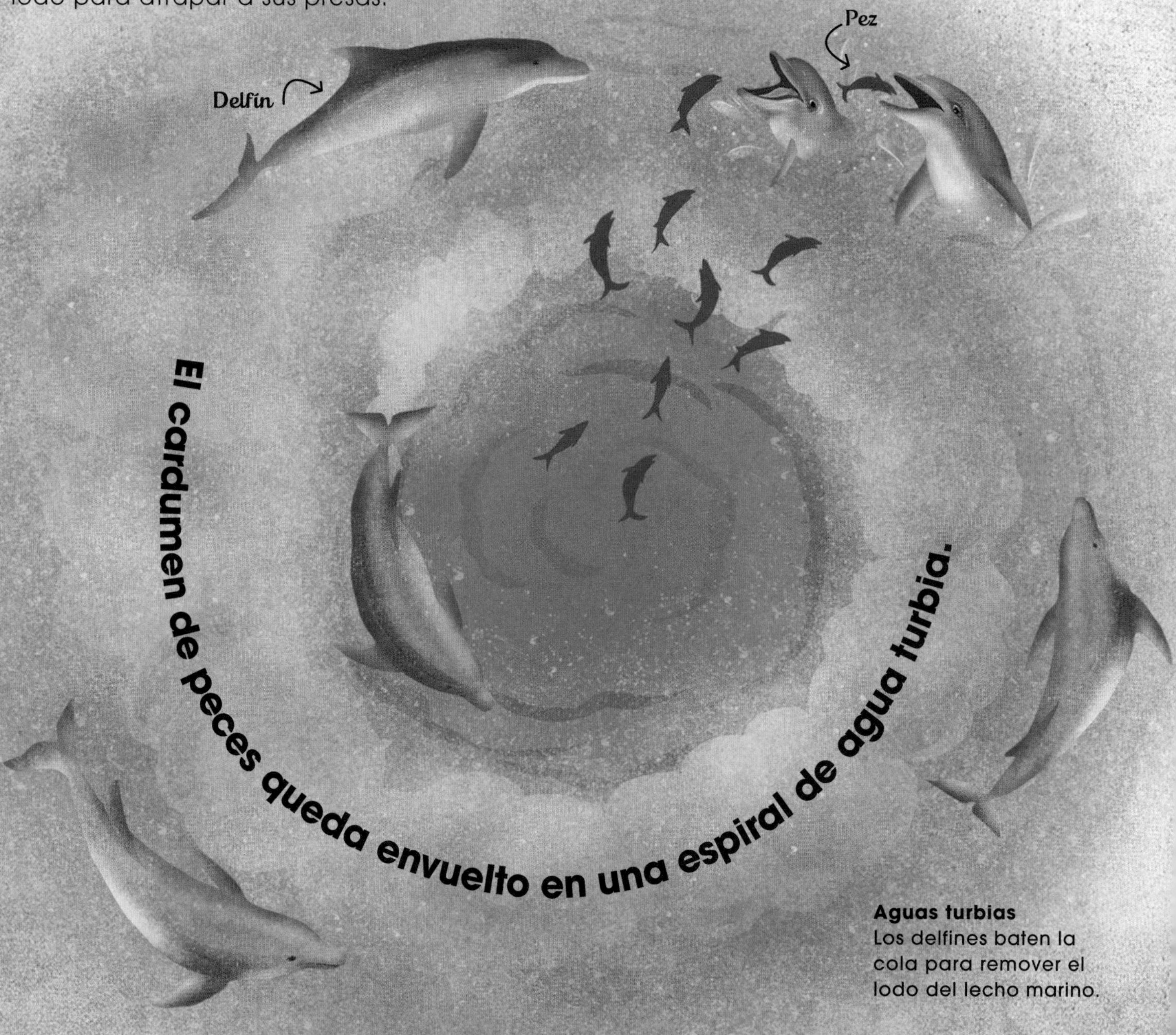

Pez

Delfín

El cardumen de peces queda envuelto en una espiral de agua turbia.

Aguas turbias
Los delfines baten la cola para remover el lodo del lecho marino.

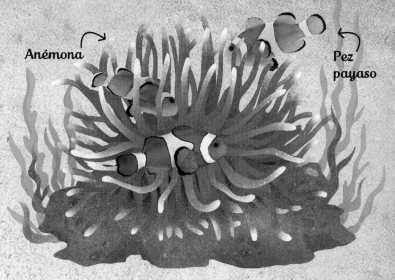

Anémona

Pez payaso

Refugio urticante

Las anémonas dejan que los peces payaso vivan tranquilamente entre sus urticantes tentáculos. A cambio, los peces aportan agua rica en oxígeno, limpian las anémonas y las alimentan con sus excrementos.

Góbido

Camarón pistola

Túnel compartido

Los góbidos son unos peces que viven en túneles que excavan y mantienen camarones pistola. El camarón no tiene buena vista y, cuando se acerca el peligro, el pez da la alarma y ambos animales salen disparados hacia el túnel para ocultarse.

TÚNEL DE LAVADO

En los arrecifes de coral, algunos peces y otros animales acuden a determinados lugares para que los limpien. Los limpiadores logran un sabroso bocado y el arrecife continúa sano y sin enfermedades.

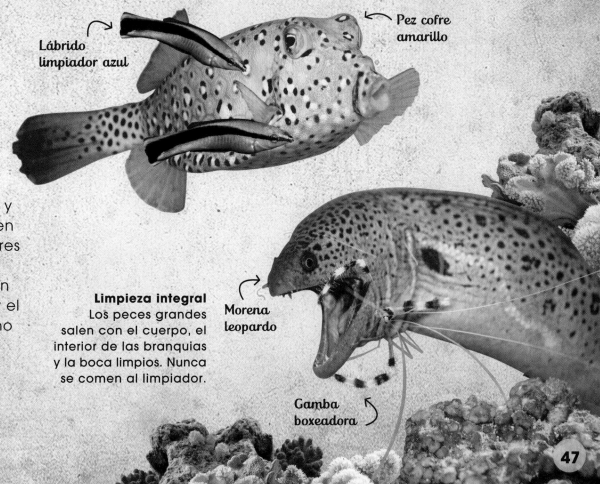

Lábrido limpiador azul

Pez cofre amarillo

Limpieza integral
Los peces grandes salen con el cuerpo, el interior de las branquias y la boca limpios. Nunca se comen al limpiador.

Morena leopardo

Gamba boxeadora

Familia de orcas

¡Las hembras de orca pueden vivir más de 100 años! Las abuelas orca cuidan a sus nietos compartiendo comida con la prole de sus hijos.

Orca con su cría

Una ballena azul hembra produce hasta 220 litros de leche diarios para su cría, ¡lo bastante para llenar una bañera!

Ballenas canguro

Cuando los cachalotes bajan a aguas más profundas, dejan a sus crías en la superficie con otras madres. Estas permitirán que las crías que no son suyas beban de su leche.

Cachalote con su cría

Al color del clan

El mar puede ser peligroso, y la ayuda de la familia es importante. Los más jóvenes son un bocado delicioso para los predadores y por ello tienen más probabilidades de sobrevivir si tienen cerca a adultos que los protejan.

Tortuga boba

La tortuga hembra excava un hoyo para poner los huevos y los cubre con arena.

Huevos de tortuga

Las tortugas ponen los huevos en la misma playa en la que nacieron. La tortuga hembra sale del agua y pone sus huevos de cáscara blanda en un nido de arena. Se asegura de taparlos bien y vuelve al agua.

Cuando llega el momento, las crías de tortuga salen de la arena y cruzan la playa para llegar al mar.

Padre embarazado

En el caso de los caballitos de mar, quien da a luz es el macho. La hembra pone los huevos y se va nadando. El macho los conserva en una bolsa en su pecho.

Caballito de mar pigmeo

Bocón de cabeza amarilla

Incubación bucal

Los adultos de algunos peces conservan los huevos en la boca para que estén seguros hasta que estén a punto de abrirse.

Animales en movimiento

Los animales oceánicos no se quedan en un mismo lugar, sino que se desplazan para buscar comida, pareja o un buen sitio para anidar. Algunos hacen migraciones anuales y cubren grandes distancias por todo el mundo.

BALLENAS

En verano, las yubartas se alimentan en el agua fría de los polos. En otoño van a reproducirse a aguas más cálidas. Las crías nadan cerca de las ballenas más grandes para que el viaje les sea más fácil.

TORTUGAS

Las hembras de tortuga marina nadan miles de kilómetros para llegar a la playa donde pondrán los huevos. A menudo vuelven a la misma playa en la que nacieron.

Tortuga boba

LANGOSTAS

En invierno, las langostas forman largas columnas por el lecho oceánico. Van a aguas más profundas y se orientan con el campo magnético de la Tierra.

Langosta

Por la noche, algunas criaturas de las aguas profundas, como gambas, medusas y calamares, suben para alimentarse.

Yubarta

Las crías de ballena pueden nadar desde que nacen.

Las langostas pasan hasta siete días viajando por el lecho oceánico.

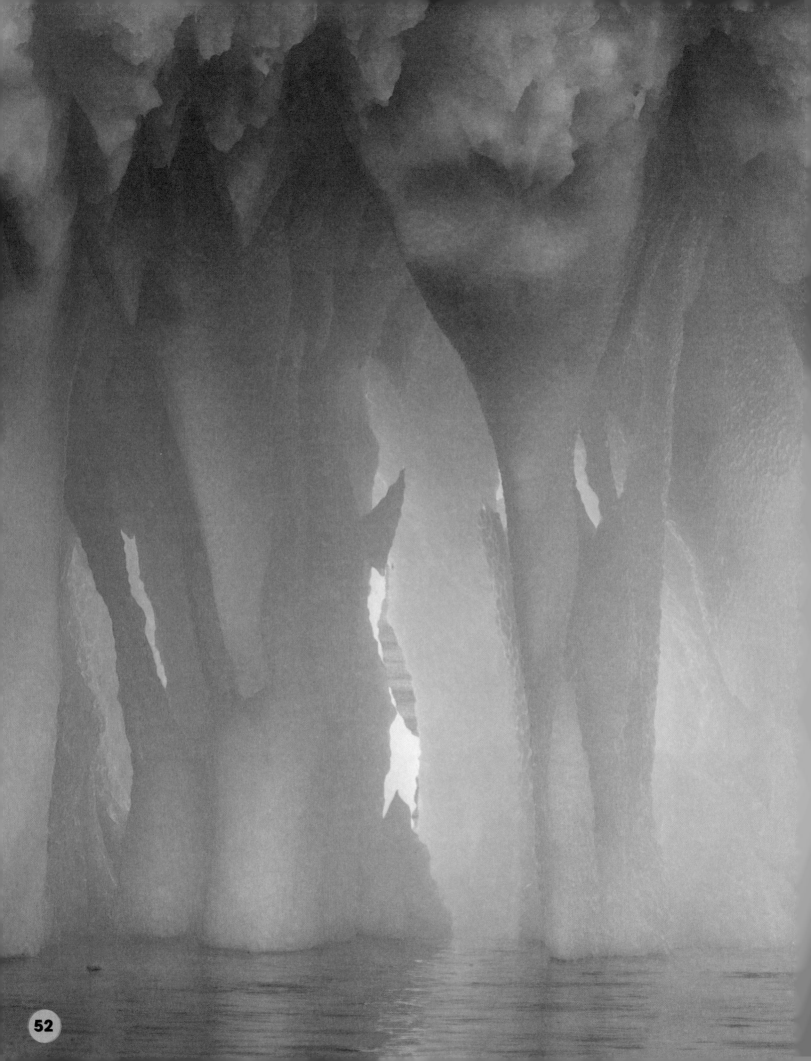

HÁBITATS OCEÁNICOS

Los múltiples hábitats son el hogar de miles de especies de plantas y animales.

El océano es un enorme cuerpo de agua, pero no es igual en toda su extensión. Tiene zonas poco profundas, iluminadas y cálidas. Otras, en cambio, son profundas, oscuras y extremadamente frías. Los animales de aguas profundas están adaptados para sobrevivir en las duras condiciones a las que se enfrentan.

Sigue leyendo para descubrir la increíble variedad de los hábitats del océano.

Arrecifes de coral

Pez mariposa de nariz alargada

Los arrecifes de coral son un festival de color y vida. Se forman en aguas cálidas tropicales con mucha luz. Los arrecifes son entornos muy delicados y muy sensibles a los cambios de temperatura y a la contaminación.

Coral cuerno de alce

Barracuda

Burro listado

¿Qué es el coral?
El coral no es una planta. Se compone de millones de pólipos, animales diminutos parientes de las medusas y las anémonas de mar.

Pargo de rayas azules

Almeja gigante

Corona de espinas

Coral esponja

Montipora plato

Los arrecifes de coral están en menos del 1 por ciento del océano, pero alojan al 25 por ciento de las especies de plantas y animales.

Tortuga carey

Loro cototo

Candil ojo manchado

¿Duro o blando?

Los corales duros tienen esqueletos rocosos y forman la estructura del arrecife. Los blandos no tienen estos esqueletos y su aspecto es más similar al de una planta.

Pintarroja colilarga ocelada

Comer coral
Peces, lombrices y estrellas de mar se comen a los corales adultos.

Gusano árbol de Navidad

Gorgonia roja

Caballito de mar pigmeo

Abanico de mar

Ángel enano bicolor

Anguila de jardín

Gamba mantis pavo real

Dragón disfrazado
Es complicado distinguir al dragón de mar foliáceo nadando entre los pastos marinos: su cuerpo de camuflaje es el disfraz perfecto.

Pasto marino

Dragón de mar foliáceo

Praderas marinas

Estas praderas submarinas crecen en mares poco profundos y son el hogar de cientos de animales diferentes. Los animales grandes van de visita para comer el pasto marino, y los más pequeños se ocultan entre las plantas.

Pez cofre cornudo

Tortuga verde

Las praderas marinas están por todo el mundo. ¡Algunas son tan grandes que se pueden ver desde el espacio!

Dugongo

Comer bajo el agua

Los dugongos comen pasto marino día y noche. Necesitan respirar, pero aguantan hasta 6 minutos bajo el agua.

Raya jaspeada

Pargo tintero

Guardería

Las praderas marinas son un refugio seguro para miles de crías de peces. Al crecer, dejan la pradera para vivir en el océano.

Erizo de mar

Pepino de mar

Estrella de mar azul

Bosques de algas

Cerca de la costa, los bosques de algas dan alimento y cobijo a cientos de animales, incluidos algunos en peligro de extinción o raros. Estos bosques de sargazos también ayudan a evitar el cambio climático absorbiendo el dióxido de carbono del aire.

Nutrias marinas

Las nutrias protegen el sargazo comiéndose los erizos de mar. Se enrollan con el sargazo para no irse flotando con la corriente al dormir.

Estipe (tallo)

Sargazo gigante

Fijado en el lecho del océano, el sargazo gigante sube a la superficie como un gran árbol submarino.

Vesícula de aire
Estas cavidades de aire ayudan a mantener verticales los tallos.

El sargazo gigante es uno de los seres vivos que crece más rápido del planeta: hasta 0,6 m por día.

Lobos marinos

Los juguetones lobos marinos se mueven entre los sargazos con facilidad, a la caza de peces y otros animales para zampárselos.

Castañeta herrera

Jaqueta
vistosa

Lámina
(hoja)

Cangrejos pintorescos

El cangrejo de las algas cambia de color según el sargazo que coma.

Cangrejo
de las algas

Estrella de
disco ancho

Fijación
El sargazo se fija así a las rocas del lecho marino.

Anémona
fresa

Estrella de
azúcar

Erizos
de mar

Erizos de mar

A los erizos les encantan los sargazos. Suelen comer los trozos que caen al lecho oceánico, pero pueden destruir bosques de algas enteros, incluso las plantas que todavía crecen.

Los bancos de sardinas se agrupan en forma de bola cuando se acercan los grandes predadores.

Sardinas

Alcatraces

Zambullida
Los alcatraces se pueden zambullir a 97 km/h.

Pez espada

Océano abierto

En la zona pelágica solo hay agua y criaturas marinas. Ni lecho marino ni orilla, solo el vasto océano abierto. La superficie de la Tierra está compuesta por **agua en un 70 por ciento**; además, los océanos son muy profundos. Por todo ello, la zona pelágica es el **hábitat más grande** del mundo.

Kril

Remolino de kril
Los enjambres de kril forman descomunales remolinos en el océano. Son una importante fuente de alimento para cientos de animales, como calamares, peces, aves marinas y algunas ballenas.

Pez luna

Aguamar

El tiburón ballena es el pez más grande del océano. Puede pesar lo mismo que nueve elefantes juntos.

Tiburón ballena

Compañero de viaje
La rémora es famosa por ser la autoestopista del mar. Gracias a las ventosas especiales que tiene en la cabeza se puede fijar a la piel de los grandes animales oceánicos.

Rémora

NIEVE MARINA

Desde la superficie del agua caen partículas de materia muerta. Esta **«nieve marina»** es el alimento de muchas de las criaturas de las aguas más profundas.

Pulpo Dumbo

CRIATURAS INUSUALES

Las condiciones sin igual del océano profundo hacen que los animales que viven aquí tengan un aspecto **completamente diferente** a los de cualquier otro sitio del planeta.

En las profundidades

Las misteriosas profundidades del océano son negras como el carbón y frías como el hielo. Cuesta imaginar que aquí pueda sobrevivir algo, pero todo tipo de **raras criaturas** proliferan ocultas en la oscuridad.

CHIMENEAS

Muchas criaturas de las aguas profundas dependen del calor y los agentes químicos que emiten las **fuentes hidrotermales submarinas**, cuya agua puede llegar a los 400 °C.

Gusano de tubo gigante

Cangrejo yeti

Mejillones de aguas profundas

Cangrejo real

Tollo cigarro

El tollo cigarro arranca a mordiscos **pedazos de carne** de animales más grandes, pero no llega a matarlos.

Pez ballena

BIOLUMINISCENCIA

La luz del sol nunca llega a estas aguas. Eso sí, el océano brilla gracias a la bioluminiscencia, que es la luz que emiten los animales que viven aquí.

Gusanos tomópteros

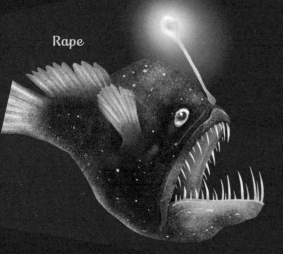

Rape

El rape utiliza su luz para **atraer a las presas**.

El calamar de cristal es casi transparente, y usa sus luces para **camuflarse**.

Calamar de cristal

BALLENA HUNDIDA

Cuando una ballena muere, su cuerpo se hunde hasta el fondo del océano. Aquí se convierte en **alimento para cientos de animales**, que van a comerse el cadáver entero, desde la grasa hasta los huesos.

Poliquetos

Cumáceo

Poliquetos osedax

Vida bajo el hielo

Una enorme capa de agua dulce congelada flota a lo largo de la costa antártica. Las gélidas aguas que quedan por debajo son de una quietud fantasmal. Muy pocas especies sobreviven aquí, pero miles de ejemplares de estas que lo consiguen.

Carámbano submarino

El agua salada fría gotea a través de la capa de hielo hasta el lecho marino y congela el agua que toca al bajar. Se forma una **columna de hielo**, o «carámbano de salmuera».

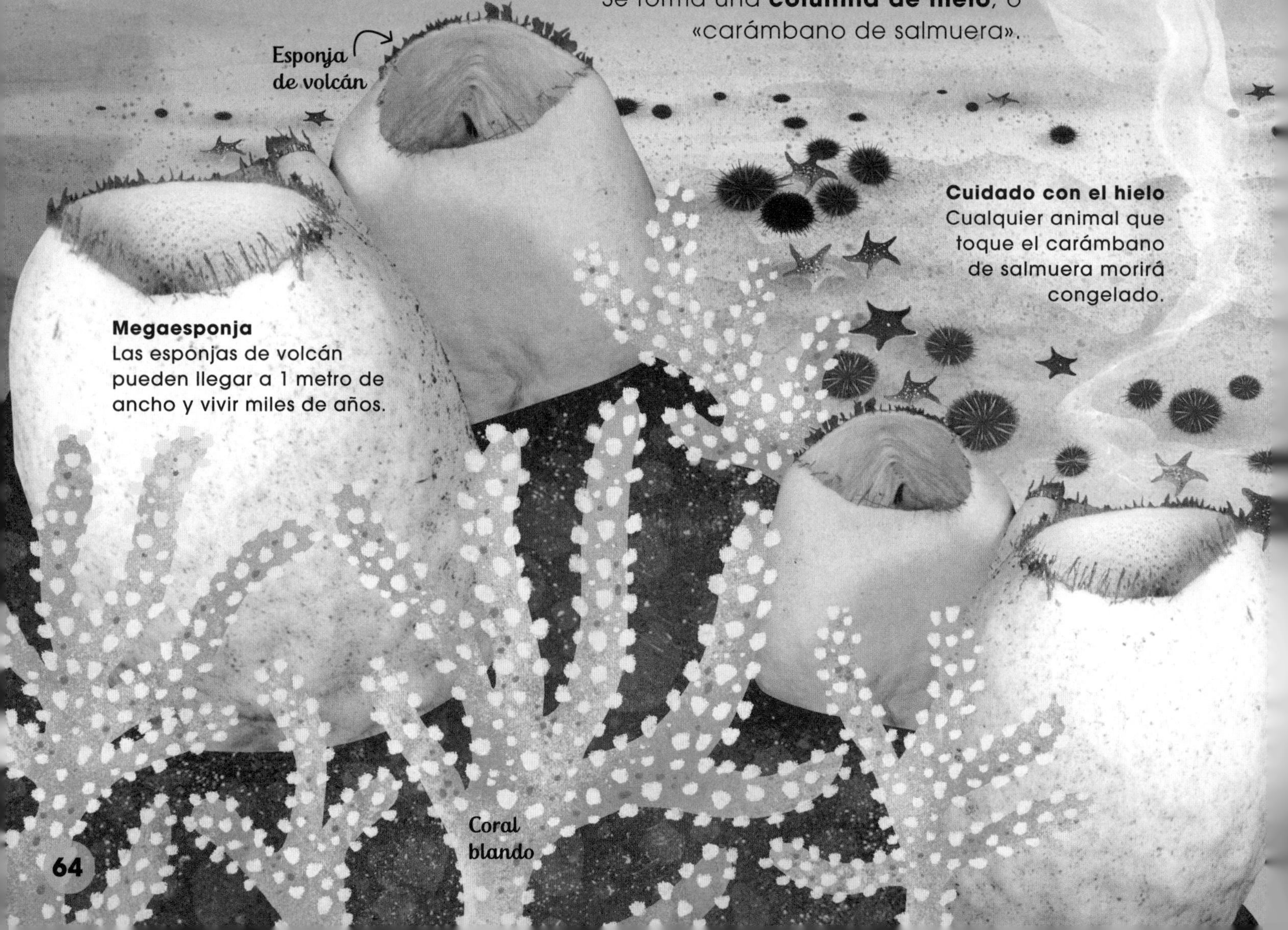

Esponja
de volcán

Cuidado con el hielo
Cualquier animal que toque el carámbano de salmuera morirá congelado.

Megaesponja
Las esponjas de volcán pueden llegar a 1 metro de ancho y vivir miles de años.

Coral
blando

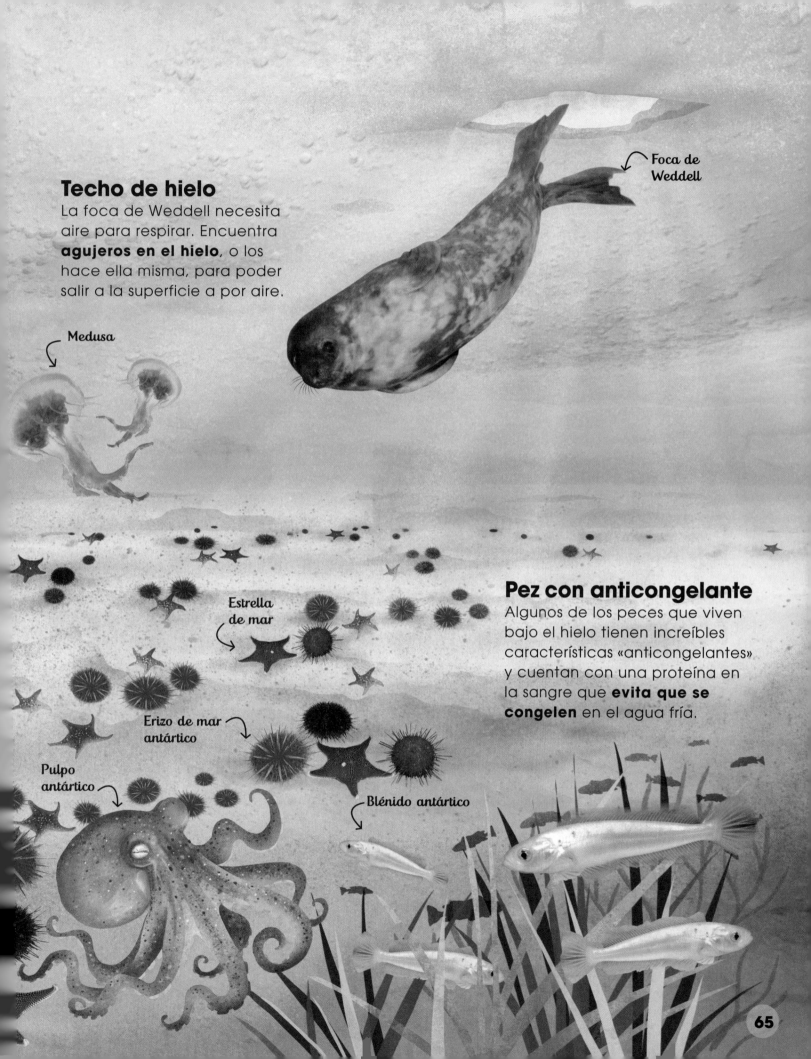

Techo de hielo

La foca de Weddell necesita aire para respirar. Encuentra **agujeros en el hielo**, o los hace ella misma, para poder salir a la superficie a por aire.

Foca de Weddell

Medusa

Pez con anticongelante

Algunos de los peces que viven bajo el hielo tienen increíbles características «anticongelantes» y cuentan con una proteína en la sangre que **evita que se congelen** en el agua fría.

Estrella de mar

Erizo de mar antártico

Pulpo antártico

Blénido antártico

En la orilla

El fuerte viento y la mala mar complican la vida en la costa. De día, el agua sube y baja por la tierra, y su temperatura y profundidad cambian continuamente. Los animales y las plantas deben ser capaces de sobrevivir en estas variables condiciones.

Esponjas pan de gaviota

Laver púrpura

Pollo de ostrero

Ostrero

Erizo de mar

Peligro: ¡pinchos! Algunos erizos de mar tienen veneno en los pinchos.

Chaparrudo

Cangrejo de roca

Ostrero negro
africano

Charcas de marea

El mar se retira de las costas rocosas durante la marea baja y deja charcas de agua salada. Las criaturas que viven en estas charcas de marea se han adaptado especialmente a la vida dentro y fuera del agua.

A menudo llegan plásticos a la costa.

Mejillones

Lapas

Ocultos
Los animales pequeños se refugian en las algas.

Clínido

Lechuga de mar

Estrella de mar parvulastra

Quietas aquí
Las lapas se aferran a las rocas para que no se las lleve el mar y evitar ser comidas.

Esponja tubo

Carnada roja

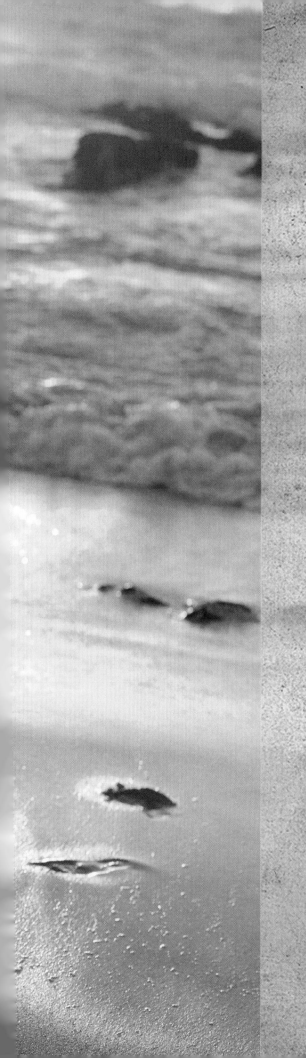

EL OCÉANO Y YO

Sin los océanos, el planeta sería un lugar totalmente distinto: seco, tórrido y sin vida.

Los océanos son indispensables para la vida en la Tierra. Nos aportan alimento para comer y oxígeno para respirar. Además, no dejan que el planeta se caliente demasiado.

A pesar de que dependemos de los océanos para continuar teniendo una vida normal, no siempre les damos el trato que merecen. Pescamos peces por billones y gran parte de nuestra basura acaba en los océanos y perjudica a la vida salvaje.

Debemos cuidar los océanos. El futuro de la humanidad, los animales y el planeta depende de ellos.

Qué hace el océano

Los océanos nos permiten transportar cosas por todo el planeta. Nos ofrecen alimento y oportunidades para la aventura. Pero el valor real de los océanos va más allá que cualquiera de estas cosas: sin los océanos, la vida en la Tierra sencillamente no existiría.

RETIRA DIÓXIDO DE CARBONO

Gran parte del dióxido de carbono del aire se disuelve en los océanos, lo que evita que la Tierra se caliente en exceso.

O_2

PRODUCE OXÍGENO

Unas plantas minúsculas, el fitoplancton, liberan oxígeno en el aire, lo que es ideal, ¡porque necesitamos el oxígeno para respirar!

CO_2

Diversión y ocio

En los océanos se pueden realizar muchas actividades divertidas, como surf, buceo, vela, natación, kayak, pesca o submarinismo. Es importante disfrutar de los océanos de manera segura y respetuosa.

Energía de olas y viento

Se puede aprovechar la fuerza de las olas y las mareas para crear energía e instalar turbinas eólicas, que producen energía gracias al viento.

Clima

Los océanos tienen un papel crucial para que el planeta mantenga su temperatura. Absorben el calor del sol y lo reparten por todo el mundo.

Al calentarse, el agua del océano se convierte en gas y sube hacia las nubes. Más tarde caerá en forma de lluvia.

EVAPORACIÓN

Transporte

Los buques transatlánticos transportan todo tipo de cosas por el mundo, desde alimentos y materiales para la construcción hasta personas y animales.

Vida oceánica

Los océanos de la Tierra son el hogar de millones de criaturas, cada una con su forma y tamaño diferentes.

Productos del océano

Muchas de las cosas de nuestra vida cotidiana salen del océano.

Pescado, marisco y crustáceos
Estos animales se pescan para que los comamos.

Sal
La sal se obtiene dejando evaporar el agua de mar.

Algas
Se usan como alimento y como combustible. Además, también sirven de abono para las plantas.

Medicina
Algunas sustancias químicas que se extraen de criaturas marinas sirven para tratar enfermedades.

Combustibles fósiles
Se extrae petróleo y gas natural del lecho marino.

71

Cambios en los océanos

No siempre tratamos a nuestros océanos con el respeto que merecen. Los humanos los hemos llenado de plástico, pescamos de manera excesiva y hemos provocado que todo el planeta se caliente. Debemos actuar rápido para proteger los océanos antes de que sea demasiado tarde.

Plástico en el mar
Todas las capas del océano contienen plástico; a menudo acaba flotando en la superficie.

Cada año acaban en los océanos 7,3 millones de toneladas de plástico, como mínimo. A menudo, los animales oceánicos mueren tras quedarse enganchados en algún plástico o comérselo por error.

Las tortugas pueden comer plásticos por error.

Cangrejo ermitaño con «caparazón» de plástico.

PLÁSTICO

Los océanos están llenos de residuos de plástico y seguimos echando toneladas día tras día. Tienen que pasar cientos de años para que se descomponga en pequeñas partículas... que son también perjudiciales.

Caza y pesca

Antes los humanos creían que había tantos animales en el mar que era imposible que se agotaran, pero estaban equivocados. Actualmente muchas especies oceánicas corren el riesgo de desaparecer porque llevamos demasiado tiempo pescándolas y capturándolas.

Áreas marinas protegidas

Una reserva marina es un área en la que no se permite cazar, pescar ni recolectar. Gracias a las reservas, los animales y plantas de áreas muy afectadas tienen la oportunidad de recuperarse.

Foca fraile hawaiana

Cada año decenas de millones de tiburones pierden la aleta y la vida. Es habitual que el resto de su cuerpo acabe otra vez en el océano.

Calentamiento global

El mundo se calienta y se funden los glaciares y las capas de hielo. Este líquido extra ha hecho que suban los niveles del mar de todo el mundo. El aumento de la temperatura del mar también es perjudicial para la vida salvaje del océano, por ejemplo los corales.

Coral sano
El coral alberga a unas algas de vivos colores en su interior, que a cambio le dan alimento.

Coral estresado
Las temperaturas más cálidas del océano y la contaminación estresan al coral y hacen desaparecer sus algas.

Coral decolorado
El coral no puede alimentarse por sí solo y acaba muriendo de hambre.

Ayudar a los océanos

La mejor forma de que el plástico no acabe en el mar es no comprarlo. Pero si te es imposible, ¿por qué no le das una segunda vida? Reutiliza el plástico que ya no necesites para crear algo nuevo.

MACETA CON AUTORRIEGO

El plástico es un material perfecto para crear macetas porque es resistente e impermeable. Esta maceta se riega sola y, además, protege el océano.

El cordel pasará por aquí.

Manos a la obra

Para hacer esta maceta, necesitas una botella de plástico, tijeras, regla, cordel, agua, tierra y una planta. Pídele a un adulto que te ayude a cortar.

Primeros pasos

Pídele a un adulto que te ayude a hacer un agujero en el tapón de la botella con unas tijeras. A continuación, corta la botella en dos, un poco más arriba de la mitad.

Menos del 20 por ciento de las botellas de plástico que utilizamos acaban reciclándose.

Cuidado con el borde: podrías cortarte.

La planta podrá beber gracias al cordel.

La planta crecerá más si le da el sol.

Tierra

Agua

Montaje

Pasa el hilo por el agujero del tapón y vuelve a enroscarlo en la botella. Dale la vuelta a la parte superior de la botella y colócala entonces dentro de la parte inferior.

Último paso

Vierte agua en la parte inferior y rellena de tierra la parte superior. Haz un agujero en la tierra, planta la planta y finalmente presiona la tierra con firmeza.

Glosario

ADAPTACIÓN
Cuando un animal o una planta cambia para estar mejor en su hábitat.

AGUA DULCE
Agua no salada, como la de los ríos y estanques.

ALETA DORSAL
Aleta individual de la parte superior de un animal, como un delfín.

ALGA
Organismo simple y de aspecto similar a una planta que vive en el agua o cerca de ella.

ANTÁRTIDA
Región del Polo Sur.

ARRECIFE DE CORAL
Estructura rocosa formada por grupos de corales en las aguas cálidas de las costas tropicales. Muchos peces y criaturas marinas viven allí.

ÁRTICO
Región del Polo Norte.

BANCO (DE PECES)
Gran grupo de peces que nadan juntos en la misma dirección y de manera coordinada.

BIOLUMINISCENCIA
Producción de luz por un organismo vivo.

BRANQUIA
Parte de un pez o un crustáceo con la que absorbe oxígeno y respira bajo el agua.

CALENTAMIENTO GLOBAL
Aumento de la temperatura media de la Tierra.

CAMBIO CLIMÁTICO
Cambio en la temperatura y el clima de la Tierra.

CAMUFLAJE
Normalmente color o patrón de la piel con que un animal se confunde con su entorno.

CARDUMEN
Gran grupo de peces que nadan juntos.

CEFALÓPODO
Molusco, como el pulpo, dotado de mandíbulas y extremidades con ventosas.

CETÁCEO
Mamífero marino. Este grupo incluye ballenas, delfines y marsopas.

CICLO DE VIDA
Cambios que sufre un ser vivo durante toda su vida.

CLIMA
Meteorología típica de un área concreta en un largo período de tiempo.

COLONIA
Gran grupo de ejemplares de una especie animal o vegetal que viven juntos.

COMBUSTIBLE FÓSIL
Tipo de energía natural formada a partir de los restos de animales. No es una energía renovable (no se pueden utilizar de nuevo). El petróleo lo es.

CORAL
Minúsculo animal marino de esqueleto exterior duro que vive en colonias.

CORRIENTE
Movimiento del agua en una dirección concreta.

CORTEZA CONTINENTAL
Losa gruesa de roca ligera que forma parte de la corteza terrestre. Se mueve sobre la roca del manto terrestre y forma los continentes.

COSTA
Lugar donde coinciden la tierra y el mar.

CRUSTÁCEO
Animal de patas articuladas y esqueleto externo duro y articulado que le cubre el cuerpo, como un cangrejo, una gamba o una langosta.

DERIVA CONTINENTAL
Proceso que hace que los continentes se desplacen alrededor de la Tierra.

DIÓXIDO DE CARBONO
Gas del aire que las plantas absorben y usan para crear alimento.

ENTORNO
Ambiente en el que vive un animal, y que incluye la tierra y el clima.

EQUINODERMO
Invertebrado con espinas en la piel, como una estrella de mar.

ESCAMAS
Piezas duras de piel que recubren el cuerpo de los reptiles.

ESPECIE
Grupo de animales o plantas que se aparean y comparten rasgos.

ESPIRÁCULO
Orificio nasal de la parte superior de la cabeza de los cetáceos que les sirve para respirar.

FOSA
Valle de paredes muy inclinadas en el lecho oceánico.

FÓSIL
Restos de un antiguo ser vivo convertidos en roca.

GASTERÓPODO
Criatura de cuerpo blando con tentáculos, como un caracol o una babosa. Es el grupo más grande de los moluscos.

GRASA
Capa gruesa de tejido graso que protege del frío a los mamíferos marinos.

HÁBITAT
Entorno natural de plantas o animales.

HIDRODINÁMICO
De forma lisa para moverse con facilidad por el agua.

INVERTEBRADO
Animal sin columna vertebral.

KRIL
Pequeño crustáceo de mar abierto, alimento de muchos animales oceánicos más grandes.

MAMÍFERO
Vertebrado de sangre caliente que alimenta a sus crías con leche.

MAR
Parte del océano que está parcialmente rodeada de tierra.

MAREA
Subida y bajada periódica del océano a causa de la atracción de la Luna.

MARINO
Describe animales que viven en el mar y bajo el agua.

MIGRACIÓN
Movimiento de animales o personas de un lugar a otro, normalmente de carácter estacional y para protegerse, alimentarse o aparearse.

MOLUSCO
Animal de cuerpo blando que puede contar con un caparazón, como un caracol o una ostra.

MONTE SUBMARINO
Volcán submarino del océano, completamente sumergido.

NIVEL DEL MAR
Altura media de la orilla del mar.

ORILLA
Área de tierra arenosa o rocosa que contacta con el mar.

OXÍGENO
Gas del aire, necesario para que los seres vivos puedan vivir.

PINNÍPEDO
Animal marino con aletas al final de las patas, como las focas y las morsas.

PLANCTON
Seres vivos diminutos que van a la deriva en mares y lagos.

PLATAFORMA CONTINENTAL
Parte de un continente sumergida en agua poco profunda.

PREDADOR
Animal que caza y come otros animales.

PRESA
Animal cazado por otros animales como alimento.

RED ALIMENTARIA
Interrelación entre los organismos vivos que se alimentan unos de otros.

REGIÓN POLAR
Área alrededor del Polo Norte o del Polo Sur.

REPTIL
Animal de sangre fría con piel seca y escamada que suele poner huevos en tierra firme.

SIMBIOSIS
Relación entre especies diferentes que beneficia a una o a ambas.

SONAR
Dispositivo que usa ondas de sonido para conocer la distancia o profundidad de objetos o animales en el agua. Se utiliza para navegar y comunicarse.

TALUD CONTINENTAL
Borde de la plataforma continental en forma de pendiente hacia el lecho oceánico.

TENTÁCULO
Extremidad larga, flexible y sin hueso que utilizan algunos animales, como calamares y pulpos, para tocar o agarrar.

TERREMOTO
Movimientos repentinos de la corteza terrestre que provocan sacudidas violentas del suelo.

TSUNAMI
Descomunal ola creada por un terremoto o una erupción volcánica en el océano.

VENENO
Sustancia tóxica que puede ser mortal si se traga o se toca.

VERTEBRADO
Animal con columna vertebral.

 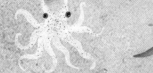   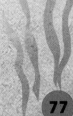

Índice

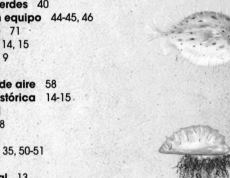

Agradecimientos

Los editores quieren agradecer la asistencia de las personas siguientes:
Polly Goodman, por la corrección; Helen Peters, por el índice; Dheeraj Arora, por su ayuda en los acabados de la cubierta; y Tom Morse, por la maquetación.

CRÉDITOS DE IMÁGENES

Los editores quieren agradecen a los siguientes su permiso para la reproducción de sus fotografías: (Clave: a, arriba; b, bajo/debajo; c, centro; e, extremo; i, izquierda; d, derecha; s, superior)

1 123RF.com: Ten Theeralerttham / rawangtak (cb). **Alamy Stock Photo:** WaterFrame (cib/garibaldi y Pisaster giganteus). **Dreamstime. com:** Pablo Caridad / Elnavegante (sc); Underwatermau (sc); Dongfan Wang / Tabgac (cia); Cherdchay Toyhem (cib, cdb/alga marina); Lgor Dolgov / Id1974 (cb/Echinus esculentus, cdb/Echinus esculentus); Fenkie Sumolang / Fenkieandreas (cdb); Sombra12 (cd). **Fotolia:** uwimages (cia/anémona). **2 Dorling Kindersley:** Linda Pitkin (cib, bi). **2-3 Dreamstime.com:** Designprintck (fondo). **4-5 Alamy Stock Photo:** eye35 stock. **5 Dreamstime.com:** Designprintck (sd). **6 Dreamstime.com:** Pablo Caridad / Elnavegante (cda). **6-7 Dreamstime.com:** Ruslan Nassyrov / Ruslanchik (b). **8 123RF.com:** Sirapob Konjay (s). **Dreamstime.com:** Pablo Caridad / Elnavegante (sc); Vladvitek (b). **9 123RF.com:** Steve Collender (sc); Marigranula (cdb/palma). **Dreamstime.com:** Mexrix (cb/mar); Ruslan Nassyrov / Ruslanchik (b). **9 Dream Hian Lim** (cd, cdb). **10 Dreamstime.com:** Vladvitek (sc). **10-11 Dreamstime.com:** Ruslan Nassyrov / Ruslanchik (c). **12 123RF.com:** Pavlo Vakhrushev / vapi (esi). **Alamy Stock Photo:** National Geographic Image Collection (cb); Paulo Oliveira (si/pez hacha); Nature Picture Library (cia); World History Archive (bc); Kelvin Aitken / VWPics (bc/rape). **Dorling Kindersley:** Holts Gems (ebi); Natural History Museum, Londres (ecib). **Dreamstime.com:** Caan2gobelow (si/delfines); Tazdevilgreg (esi/pez del coral); Jamesteohart (cia/ballena); Tatus (cia/pez mariposa); Carol Buchanan / Cbpix (ecia). **14-15 Dreamstime.com:** Designprintck (Background). **14 Dreamstime.com:** Cornelius20. **15 Dorling Kindersley:** Hunterian Museum University of Glasgow (ci). **Dreamstime.com:** Eugene Sim Junying (cdb); Tententenn (cda). **Science Photo Library:** Millard H. Sharp (cd). **16 Alamy Stock Photo:** Agencia Fotograficzna Caro (c); PJF Military Collection (c). **17 Dreamstime.com:** Kateryna Levchenko (ci); Willyambradberry (cda). **18-19 Alamy Stock Photo:** National Geographic Image Collection. **20 Alamy Stock Photo:** David Fleetham (c); National Geographic Image Collection (cia); Luiz Puntel (cb); imageBROKER (cdb). **Dorling Kindersley:** Linda Pitkin (cda, cd/sabélido). **Dreamstime.com:** Seadam (cib); WetLizardPhotography (ecia). **Getty Images / iStock:** atese (cd). **naturepl.com:** David Shale (ecib, ecib/esponja vítrea). **21 Alamy Stock Photo:** Brandon Cole Marine Photography (cia/caracol). **Dorling Kindersley:** Natural History Museum, Londres (ci, cdb); Linda Pitkin (cia, ecib, sd). **Dreamstime.com:** Aleksey Solodov (cda). **22 Dreamstime.com:** Blufishdesign (c); Iulianna Est (cdb). **23 Dreamstime.com:** Seadam (c). **24-25 Dreamstime.com:** Ihor Smishko (b). **25 Alamy Stock Photo:** imageBROKER (c); WaterFrame (sc); Mike Veitch (bc/pulpo, bd). **Dreamstime.com:** Izanbar (bc); Jalanta Wojcicka (cib). **26 Dorling Kindersley:** Dr. Peter M Forster (ci). **Getty Images:** Westend61 (c). **26-27 Dreamstime.com:** Andreykuzmin. **27 Alamy Stock Photo:** Kelvin Aitken / VWPics (bi). **Getty Images:** Dmitry Miroshnikov (s). **28 123RF.com:** Witold Kaszkin (b/paisaje de invierno); Eugene Sergeev (c/ice). **Dreamstime.com:** Christopher Wood / Chriswood44 (b/ice); Olga Khoroshunova (fondo). **30-31 Dreamstime.com:** Olga Khoroshunova (agua); Ihor Smishko (ca/arena). **31 Alamy Stock Photo:** Mauritius Images GmbH (c); Ellen McKnight (b/tortuga laúd). **Dreamstime.com:** Fenkie Sumolang / Fenkieandreas (s); Mexrix (b). **32 Alamy Stock Photo:** Accent Alaska. com (bi). **Dreamstime.com:** Willtu (sd). **FLPA:** Terry Whittaker (c).

33 Alamy Stock Photo: AGAMI Photo Agency (c). **Dorling Kindersley:** George Lin (ca). **Dreamstime.com:** Donyanedomam (bd). **Getty Images / iStock:** Henk Bogaard (cda). **34-35 Dreamstime.com:** Designprintck (fondo); Mexrix (b). **34 Dreamstime.com:** Willyambradberry (bd); Vladimir Melnik / Zanskar (cia). **35 123RF.com:** Christopher Meder / ozbandit (bd). **Dreamstime.com:** Jamesteohart (bi); Mexrix (ca). **36-37 123RF.com:** Witold Kaszkin (ca/hielo); Eugene Sergeev (ca). **Dreamstime.com:** Christopher Wood / Chriswood44 (ca/hielo). **36 Alamy Stock Photo:** Corey Ford (c). **naturepl.com:** Doug Allan (bi). **37 Dreamstime.com:** Luis Legmus (si); Zhykharieyavlada (cib). **naturepl.com:** Eric Baccega (ca). **38-39 Alamy Stock Photo:** Giedrius Stakauskas. **39 Dreamstime.com:** Designprintck. **40 123RF.com:** Imagesource (bd); Dmytro Pylypenko (cia). **Dorling Kindersley:** Natural History Museum, Londres (cd). **Dreamstime.com:** Duncan Noakes (c). **Photolibrary:** Photodisc / White (ci). **40-41 Dreamstime.com:** Olga Khoroshunova (Background); Mexrix (mar). **41 Dreamstime.com:** Lukas Blazek (cb); Mauro Rodrigues (si); Donyanedomam (sd); Cherdchay Toyhem (cia); Jamesteohart (c); Simone Gatterwe / Smgirly (bd). **42 123RF.com:** Tudor Antonel Adrian / Tony4urban (ci). **Dreamstime.com:** Orlandin (bi). **43 Dorling Kindersley:** Linda Pitkin (ci). **Dreamstime.com:** Andamanse (c); Seatraveler (d). **44-45 123RF.com:** Inkdrop. **45 Alamy Stock Photo:** Frank Hecker (cdb). **Dreamstime.com:** Aquangut4 (cda); Designprintck (d); Seaphotoart (cd). **46-47 Dreamstime.com:** Designprintck (fondo). **47 Alamy Stock Photo:** cbimages (ci); Howard Chew (c); imageBROKER (cb); Pete Niesen (bd). **Dreamstime.com:** Jolanta Wojcicka (bd/Coral reef). **48 Alamy Stock Photo:** Arco Images GmbH (si); Blue Planet Archive (c). **48-49 123RF.com:** Ten Theeralerttham / rawangtak (bc). **Dreamstime.com:** Olga Khoroshunova (agua); Mexrix. **49 Alamy Stock Photo:** Arco Images GmbH (sc); Nature Picture Library (bi). **Dreamstime.com:** Designprintck (s/textura); Ihor Smishko (s/arena); Foryouinf (cda). **FLPA:** Photo Researchers (cd). **50 Alamy Stock Photo:** Nature Picture Library (cia). **Dreamstime.com:** Wrangel (cdb). **51 Dreamstime.com:** Corey A. Ford / Coreyford (ca); Hadot (cib); Schnapps2012 (cb). **52-53 Alamy Stock Photo:** Ron Niebrugge. **53 Dreamstime.com:** Designprintck. **54-55 123RF.com:** Ten Theeralerttham / rawangtak (cb). **Dreamstime.com:** Daisuke Kurashima. **54 Alamy Stock Photo:** F1online digitale Bildagentur GmbH (bc); Luiz Puntel (cib); WaterFrame (bi); Reef and Aquarium Photography (bd). **Dorling Kindersley:** Linda Pitkin (ci). **Dreamstime.com:** Orlandin (cda); Secondshot (ci). **Getty Images / iStock:** marrio31 (si). **55 123RF.com:** sergemi (cb). **Alamy Stock Photo:** imageBROKER (bd); Oksana Maksymova (cda). **Dorling Kindersley:** Holts Gems (cda/Gem Coral); Linda Pitkin (ca, ecdb); Natural History Museum, Londres (cib/coral). **Dreamstime.com:** Alexander Shalamov / Alexshalamov (sd); Whitcomberd (bc); Orlandin (cd, bi); Ethan Daniels (cd/tiburón); Dream69 (ecda, bc/gorgonia). **Getty Images / iStock:** Peter_Horvath (cib). **56 Dreamstime.com:** Juliana Scoggins / Bellavista233 (ca); Serg_dibrova (bi); Seadam (bc); Isselee (cdb). **57 123RF.com:** Richard Carey (s); Keith Levit (c). **Alamy Stock Photo:** Martin Strmiska (ca). **Dreamstime.com:** Serg_dibrova (bd); Seadam (bi); Para827 (cb). **60 Alamy Stock Photo:** BIOSPHOTO (ca); Nature Picture Library (cb); Paulo Oliveira (cb). **60-61 Dreamstime.com:** Martin Voeller (b). **61 123RF.com:** aoldman (bc). **Alamy Stock Photo:** Nature Picture Library (sd); David Priddis (cia). **naturepl.com:** Richard Herrmann (si). **62 123RF.com:** Charles Brutlag (c). **64-65 123RF.com:** Witold Kaszkin (s/hielo). **Alamy Stock Photo:** Justin Hofman (c). **Dreamstime.com:** Tarpan. **naturepl.com:** Pascal Kobeh (bc/estrella de mar); Norbert Wu (cia/estrella de mar). **64 naturepl.com:** Pascal Kobeh (cdb); Norbert Wu (b). **65 naturepl.com:** Jordi Chias (ci); Norbert Wu (s, bd, cdb, cb/Bald Notothen, bc); Pascal Kobeh (cb, cb/estrella de mar). **66 Alamy Stock Photo:** Richard Mittleman / Gon2Foto (c). **Dorling Kindersley:** Cecil Williamson Collection (cb/piedra); Stephen Oliver. **Dreamstime.com:** Lgor Dolgov / Id1974 (cia). **naturepl.com:** Richard Du Toit (ca); Ann & Steve Toon (cia). **Shutterstock.com:** Simon_g (b). **66-67 Dreamstime.com:** Steveheap (ca/agua). **naturepl.com:** Hougaard Malan (cd). **67 Alamy Stock Photo:** Martin Lindsay (sc). **Dorling Kindersley:** Cecil Williamson Collection. **Dreamstime.com:** Lgor Dolgov / Id1974 (cb); Alfio Scisetti / Scisettialfio (c); Madelein Wolfaardt (ci); Nick Upton (bi). **68-69 Getty Images:** Klaus Vedfelt. **69 Dreamstime.com:** Designprintck (d). **70-71 Dreamstime.com:** Designprintck (fondo);

Mexrix (mar). **71 123RF.com:** petkov (cda). **Dreamstime.com:** Aleksey Bakaleev / Bakalusha (ci); Pablo Caridad / Elnavegante (cb); Winai Tepsuttinun (bd). **72 123RF.com:** Aleksey Poprugin (c/bolsa de plástico). **Alamy Stock Photo:** cbimages (bi). **Dorling Kindersley:** Quinn Glass, Britvic, Fentimans (cd). **Dreamstime.com:** BY (c); Alfio Scisetti / Scisettialfio (c/botellas); Indigolotos (c/botella de plástico). **Getty Images / iStock:** Picsfive. **73 Alamy Stock Photo:** ArteSub (cda). **74-75 Dreamstime.com:** Mexrix (c/mar). **75 Dreamstime.com:** Anton Starikov (c). **76-77 Dreamstime.com:** Designprintck (fondo); Olga Khoroshunova (b/agua). **78 Dreamstime. com:** Cynoclub (sd). **78-79 Dreamstime.com:** Designprintck (fondo). **80 Dreamstime.com:** Designprintck.

Imágenes de la cubierta: *Cubierta:* **Dorling Kindersley:** Stephen Oliver cra, ci; **Dreamstime.com:** Cynoclub bi, Fenkie Sumolang / Fenkieandreas bc, Martinlisner ca/ (acantúrido), Sombra12 cd, Tazdevilgreg cd; *Contracubierta:* **Dorling Kindersley:** Stephen Oliver cib; **Dreamstime.com:** Cynoclub ca, Dragonimages ti, Sombra12 ci; *Lomo:* **Dreamstime.com:** Sombra12 cb.

Imágenes de las guardas: *Delantera:* **Dreamstime.com:** Cynoclub; *Posterior:* **Dreamstime.com:** Cynoclub.

Resto de las imágenes: © Dorling Kindersley
Para más información ver: www.dkimages.com

SOBRE LA ILUSTRADORA

Claire McElfatrick es una artista *freelance*. Antes de dedicarse a los libros para niños diseñó tarjetas de felicitación ilustradas. Sus bonitos collages y dibujos a mano se inspiran en el lugar donde vive, una preciosa población de la Inglaterra rural.